www.ingramcontent.com/pod-product-compliance
Lightning Source LLC
Chambersburg PA
CBHW081428070526
44586CB00020B/2524
* 9 7 8 1 9 8 7 8 6 9 4 4 6 *